Sibylle Leichtl

Die Finanzierung des Ersten Weltkrieges und Hyperi

Sibylle Leichtl

Die Finanzierung des Ersten Weltkrieges und Hyperinflation 1914 - 1923

GRIN Verlag

Bibliografische Information der Deutschen Nationalbibliothek: Die Deutsche Bibliothek
verzeichnet diese Publikation in der Deutschen Nationalbibliografie; detaillierte bibliografische Daten sind im Internet über http://dnb.d-nb.de/ abrufbar.

1. Auflage 2002
Copyright © 2002 GRIN Verlag
http://www.grin.com/
Druck und Bindung: Books on Demand GmbH, Norderstedt Germany
ISBN 978-3-638-64044-2

Die Finanzierung des Ersten Weltkrieges und Hyperinflation 1914 - 1923

von

Sibylle Leichtl

Die Finanzierung des Ersten Weltkrieges und Hyperinflation
1914 – 1923

Sibylle LEICHTL, 1. Semester Dipl. Soz.

Bamberg, 8.April 2002

Inhaltsverzeichnis

3

1 Einleitung

Der erste Weltkrieg, von 1914 bis 1918, war sowohl in militärischer als auch in finanzieller Hinsicht eine Wende in der Geschichte. Technische Errungenschaften wie zum Beispiel Flugzeuge, Zeppeline, Kanonen mit Reichweiten bis zu 100 km und mehr, gepanzerte Schiffe sowie der Einsatz von Kampfgasen erweiterten das Kriegsgebiet ganz erheblich. So war der Krieg nicht mehr nur eine Sache der Soldaten an der Front. Vielmehr wurde die gesamte Bevölkerung eines kriegführenden Staates in Mitleidenschaft gezogen.

Diese bahnbrechenden Änderungen im technischen Bereich beeinflussten die Finanzierung des Krieges massiv. Dass ein „totaler Krieg" Auswirkungen auf die Güterproduktion und die gesamte Volkswirtschaft eines Landes haben würde, haben auch führende Ökonomen des Deutschen Reiches nicht erkannt.

In dieser Arbeit wird die finanzielle Situation – insbesondere die Einkünfte - des Kaiserreichs in der Zeit vor dem Krieg dargestellt. In den Punkten 2.2 und 2.3 wird erläutert, welche Finanzquellen in der Phase des Krieges aufgetan wurden und wie ertragreich diese Maßnahmen jeweils waren.

Selbst als der Krieg vorbei war, kam das deutsche Volk nicht zur Ruhe. Da das Kaiserreich den Sieg nicht erringen konnte, hatte die mangelhafte, mit falschen Schlüssen durchzogene Finanzpolitik der Regierung noch fünf Jahre nach Beendigung des Krieges verheerende Auswirkungen auf die Volkswirtschaft. In Punkt 3.1 werden dem Leser die Versuche der Legislativen, den Reichshaushalt zu stärken, aufgezeigt. Punkt 3.2 behandelt die Reparationszahlungen und deren Konsequenzen. Abschließend wird in Punkt 3.3 der Höhepunkt und das Ende der Krise – bezeichnet als Hyperinflation – in den Jahren 1922/23 dargestellt.

Grundlage dieser Arbeit sind vor allem die Ausführungen zur Kriegsfinanzierung von Karl Roesler und Carl-Ludwig Holtfrerich, die sich lange Jahre intensiv mit dem Thema auseinandergesetzt haben. Vor allem Holtfrerich hat bis Anfang der 80er Jahre mehrere themenbezogene Abhandlungen und eine Einzelschrift veröffentlicht. Die Darstellung von Roesler erschien bereits 1967. Ihre Gültigkeit kann aus diesem Grund allerdings nicht angezweifelt werden. Fast alle in diesem Literaturverzeichnis aufgeführten Autoren greifen auf die Erkenntnisse Roeslers zurück und bestätigen sie weitgehend.

In den meisten Darstellungen wird die Methode des Vergleichs angewandt. Wie das Problem der Kriegsfinanzierung beispielsweise in England oder Frankreich gelöst wurde

und welche Folgen dies für deren wirtschaftliche Entwicklung nach sich zog, wird vielfach parallel zu den Erörterungen die deutsche Situation betreffend, ausgeführt. Da jedoch sowohl die Finanzierung des Krieges als auch die anschließende Inflation sehr umfangreiche Themengebiete sind, wurde hier auf den internationalen Vergleich verzichtet.

2 Die Finanzierung des Ersten Weltkrieges

2.1 Die finanzielle Situation des Deutschen Reiches vor dem Krieg im Überblick

Die Verfassung von 1871 legte die Vermögensverteilung im Kaiserreich in der Art und Weise fest, dass sich die Einnahmen des Reiches fast ausschließlich aus indirekten Steuern zusammensetzten.

Um indirekte Steuern von direkten Steuern abzugrenzen verwendet man folgende Kriterien: 1. Sie werden als überwälzbar beurteilt; (unter Steuerüberwälzung versteht man den Versuch eines Steuerzahlers die Belastung über Preisänderungen für Güter oder Produktionsfaktoren an Lieferanten oder Abnehmer weiterzugeben); 2. sie sind nicht veranlagte oder nicht direkt erhobene Steuern, wie z.B. die Mehrwertsteuer; 3. sie sind die Leistungsfähigkeit nur indirekt erfassende Steuern (über die Verwendung des Einkommens).[1]

Als Beispiele können Zölle und Verbrauchssteuern – das sind Steuern auf die Einkommensverwendung, die den Ver- und Gebrauch von Waren belasten[2] - vor allem auf Luxusgüter wie Bier, Tabak, Branntwein, Zucker und Salz angeführt werden.

Geringfügige zusätzliche Einnahmen ergaben sich außerdem aus Überschüssen, die von Post und Bahn erwirtschaftet wurden.

Um weitere Ausgaben bestreiten zu können, war das Reich von den finanziellen Zuwendungen der einzelnen Länder – Matrikularbeiträge[3] – abhängig.

Alle Einnahmen aus direkten Steuern hingegen fielen den Ländern (= Bundesstaaten) zu.[4]

Folgende Merkmale kennzeichnen direkte Steuern: 1. sie werden veranlagt; 2. sie sind

---

[1] WOLL, Artur (Hrsg.): Wirtschaftslexikon. 9., völlig überarbeitete und erweiterte Auflage. München, Wien 2000, S. 345 und S. 695.

[2] WOLL, Artur (Hrsg.): Wirtschaftslexikon. S. 760.

[3] Darunter versteht man finanzielle sowie reale Leistungen einzelner Mitglieder eines Staatenbundes an diesen, um Aufwendungen für die Interessen des gesamten Bundes gemeinschaftlich tragen zu können. Im Deutschen Reich wurde die Höhe der Beiträge für die einzelnen Staaten entsprechend der jeweiligen Bevölkerungszahl festgelegt. Siehe GRÜSKE, Karl-Dieter / RECKTENWALD, Horst Claus: Wörterbuch der Wirtschaft. 12., neu gestaltete und erweiterte Auflage. Stuttgart 1995.

nicht überwälzbar. Der Steuerzahler ist auch Steuerträger. 3. sie knüpfen an die unmittelbare Erfassung der direkten Leistungsfähigkeit an; 4. sie sind eine bei der Einkommensentstehung erhobene Abgabe.

Aufgrund dieser Verteilung der finanziellen Mittel konnte man das Reich bedenkenlos als „Kostgänger( ) der Einzelstaaten"[5] bezeichnen. Dies war jedoch keine günstige Voraussetzung für eine fundierte Kriegsfinanzierung. Das geringe finanzielle Potenzial der Reichsregierung war Bismarck[6] – durchaus bewusst, versuchte er denn die direkten Steuern, die Einnahmequelle der Länder, in den Hintergrund zu drängen und durch Erhöhung und Ausdehnung der indirekten Steuern die finanzielle Eigenständigkeit des Reiches zu fördern. Eine Reform im Finanzwesen sollte dem ordentlichen Haushalt zusätzliche Einnahmen bescheren.

Zum Beispiel wurde bereits 1906 die Einführung einer Erbschaftssteuer in Erwägung gezogen. Der Widerstand auf sozialdemokratischer Seite behinderte jedoch die vollständige Umsetzung der geplanten Maßnahme, weshalb eine geschmälerte Version, die Erbanfallssteuer beschlossen und umgesetzt wurde. Nach langen Verhandlungen beschloss man die Belastung für Deszendenten (Nachkommen), Ehegatten, Eltern, Schwieger- und Stiefkindern sowie Geschwistern in Höhe von 4 % mit einer möglichen Steigerung bis zu 10 % bei abnehmendem Verwandtschaftsgrad. „Diese Sätze erhöhten sich mit der Größe des Nachlasses, also eine doppelte Progression".[7] Um nur einige wenige Beispiele für die vom Reichstag angenommenen Änderungen aufzuzeigen, seien an dieser Stelle Auszüge aus Begemanns Abhandlung über die Finanzreformversuche im Deutschen Reich zitiert: „So wurden in den Verwandtschaftsklassen einige Verschiebungen vorgenommen, die Progression nach der Größe des Erwerbs wurde auf das Zweieinhalbfache gesteigert, vor allem wurden die Begünstigungen für die landwirtschaftlichen Grundstücke wesentlich erweitert. So bleibt ¼ der Steuer hier unerhoben, nach dem Entwurf nur bei Erben erster Klasse, nach den Reichstagsbeschlüssen bei allen Erben. (...)".[8] Insgesamt entsprachen die tatsächlichen Einnahmen dieser Reformversuche keinesfalls den erwarteten. Speziell bei der hier

---

[4] WOLL, Artur: Wirtschaftslexikon. S. 140-141.
[5] HOLTFRERICH, Carl-Ludwig: Die deutsche Inflation 1914 -1923. Ursachen und Folgen in Internationaler Perspektive. Berlin, New York 1980, S. 106.
[6] *Bismarck*, Otto Fürst von (1.4.1815 – 30.7.1898): Reichskanzler bis März 1890. Siehe HASS, Gerhart (Hrsg.): Biographisches Lexikon zur deutschen Geschichte. Von den Anfängen bis 1945. 2., erweiterte Auflage. Berlin 1970, S. 65-67.
[7] BEGEMANN, Egbert: Die Finanzreformversuche im Deutschen Reiche von 1867 bis zur Gegenwart. Göttingen 1912, S. 90.
[8] BEGEMANN, Egbert: Die Finanzreformversuche..., S. 96.

zitierten Erbanfallssteuer ergab sich im Jahr 1907 eine negative Differenz von 21,7 Millionen Mark.[9] Mehr Erfolg dagegen zeigte die Einführung eines Wehrbeitrags. Das war eine einmalige direkte Abgabe an das Reich, gestaffelt in drei jährliche Raten (1913 – 1915), die den gewünschten Betrag von ca. einer Milliarde Mark einbrachte.[10] Verbunden mit dem Wehrbeitrag war eine laufende Vermögenszuwachssteuer. Dies war eine direkte Steuer und untergrub, da sie unmittelbar an das Reich abzuführen war, den Grundsatz: „dem Reiche die indirekten, den Einzelstaaten die direkten Steuern".[11]

Die Erfahrungen, die während des deutsch-französischen Krieges 1870/71 gemacht wurden, übten besonders auf die Planung der Finanzierung des Ersten Weltkrieges nachhaltigen Einfluss aus.

Ein Teil der Reparationszahlungen (120 Millionen Mark in Münzgold), die Frankreich an Deutschland leisten mussten, wurde dazu verwandt einen Kriegsschatz anzulegen. Die Regierung verfügte über keine konkreten Pläne wie ein länger während Krieg finanziert werden sollte, doch durch den Kriegsschatz war die Mobilmachung zu Beginn der kriegerischen Aktivitäten gesichert und diese Tatsache wurde als entscheidend betrachtet. Bei Kosten von ca. 98 Millionen Mark pro Tag[12] war eine alleinige Finanzierung mittels des Kriegsschatzes vollkommen unmöglich, da dieser vor Kriegsbeginn „etwas über 200 Millionen Mark in Gold und Silber ausmachte".[13]

Darüber hinaus wurde nicht bedacht, dass, sollte der Krieg nicht schnell und siegreich beendet werden, eine langfristige Kostenplanung notwendig ist. In den Vorkriegsjahren konzentrierte man sich jedoch fast ausschließlich auf die finanzielle Mobilmachung.

2.2 Einschneidende Änderungen der bestehenden Finanzgesetze

Trotz einer wenig durchdachten Kriegsfinanzierung rechnete man aufgrund bisheriger Erfahrungen mit knapp werdenden Bargeldbeständen zu Beginn des Krieges.

---

[9] Vgl. BEGEMANN, Egbert: Die Finanzreformversuche..., S. 98.
[10] Vgl. ROESLER, Konrad: Die Finanzpolitik des Deutschen Reiches im Ersten Weltkrieg. Berlin 1967, S. 16 und HOLTFRERICH, Carl-Ludwig: Die deutsche Inflation..., S. 106.
[11] TERHALLE, Fritz: Geschichte der deutschen öffentlichen Finanzwirtschaft vom Beginn des 19. Jahrhunderts bis zum Schlusse des zweiten Weltkrieges. In: Handbuch der Finanzwissenschaft, 2. Aufl., Bd. 1, Tübingen 1952, S. 280; Zitiert nach: HOLTFRERICH, Carl-Ludwig: Die deutsche Inflation..., S. 106.
[12] Vgl. LANTER, Max: Die Finanzierung des Krieges. Quellen, Methoden und Lösungen seit dem Mittelalter bis Ende des Zweiten Weltkrieges 1939 bis 1945. Luzern 1950, S. 98.
[13] HOLTFRERICH, Carl-Ludwig: Die deutsche Inflation..., S. 100.

Die ungewisse Zukunft in Kriegszeiten ließ ahnen, dass das Volk vorsichtig haushalten würde, d.h. es würde auf der einen Seite nur wenig Bargeld in Umlauf gelangen, während die Regierung auf der anderen Seite enorme Summen für kriegsnotwendige Produkte aufzuwenden haben würde.

Deshalb wurde bereits einige Jahre vor Ausbruch des Krieges versucht, durch verschiedene gesetzliche Regelungen die Stabilität der Reichsbank zu sichern. Die Banknovelle vom 1. Juni 1909, in der Banknoten zum gesetzlichen Zahlungsmittel erklärt werden, diente genau diesem Zweck. Durch eine kleinere Stückelung der Banknoten und den Ausbau des bargeldlosen Zahlungsverkehrs wurde es möglich die Goldvorräte der Reichsbank zu erhöhen.[14] Einem ausreichend hohen Goldvorrat bei der Reichsbank wurde eine außerordentliche Bedeutung beigemessen.[15]

Dass die Befürchtung, die Deutschen könnten bei Kriegsausbruch versuchen, Gold und Bargeld privat zu sichern, nicht unberechtigt war, zeigen die Zahlen, die Gustav Stolper[16] nennt. Er spricht von 100 Millionen Mark in Gold, die die Reichsbank zwischen dem 23. und dem 31. Juli 1914 auszahlen musste. Der Bestand hat sich dadurch von 1357 auf 1253 Millionen Mark reduziert.

Offiziell gab es für den Schritt, den die Reichsbank tat, um ihrerseits die Goldreserven zu sichern, keine Grundlage. Dennoch verweigerte sie ab dem 31. Juli 1914 den Umtausch von Banknoten gegen Gold. Dies war eine der bedeutenden Maßnahmen, die die gesetzlich vorgeschriebene Dritteldeckung untergrub.

Was man unter der sogenannten Dritteldeckung verstand, ist in § 17 des Bankgesetzes von 1875 verankert und galt bis zum Inkrafttreten des neuen Bankgesetzes 1924. Um einem unbegrenzten Umlauf von Banknoten – schließlich waren diese nach § 2 kein gesetzliches Zahlungsmittel - vorzubeugen, musste mindestens ein Drittel der Noten durch „kursfähige(s) deutsche(s) Geld, Reichskassenscheine, (...) Goldbarren oder ausländische ( ) Münzen und de(r) Rest in diskontierten bankmäßigen Wechseln, gedeckt sein".[17] Man sprach dabei auch von der Primär- und Sekundärdeckung.

Erst nachträglich, am 4. August 1914, wurde dieser Akt legitimiert. An diesem Tag beschloss der Reichstag noch weitere Gesetzesänderungen, die den Grundstein für die künftige – erst nach Kriegsende offensichtliche - inflationäre Entwicklung legen sollte:

---

[14] HOLTFRERICH, Carl-Ludwig: Die deutsche Inflation..., S. 109.
[15] Welch große Rolle die Goldreserve der Reichsbank in deckungspolitischer Hinsicht gespielt hat, erkläre ich auf den Seiten 4 bis 5 ausführlich.
[16] Vgl. STOLPER, Gustav: Deutsche Wirtschaft seit 1870. Tübingen 1964, S. 64.
[17] Vgl. BAUR, Jürgen: Die Reichsbank zwischen 1875 und dem Ende des ersten Weltkrieges. Tübingen 1997, S. 8.

8

1. Das „Gesetz, betreffend die Feststellungen eines Nachtrags zum Reichshaushaltsetat für das Rechnungsjahr 1914" legte in § 2 folgendes fest: „Der Reichskanzler wird ermächtigt, zur Bestreitung einmaliger außerordentlicher Ausgaben die Summe von 5 000 000 000 Mark im Wege des Kredits flüssig zu machen".[18] Da zum Zwecke der Mobilmachung vor allem in den ersten Kriegstagen gewaltige Summen nötig waren – Roesler rechnet mit 750 Millionen Mark während der ersten sechs Tage – konnte nur die Reichsbank schnelle finanzielle Hilfe leisten.

2. Eine weniger bedeutende Rolle spielte das „Gesetz, betreffend die Reichskassenscheine und die Banknoten"[19], wodurch die Annahme dieser Staatspapiere sowohl für öffentliche Kassen – wie bisher bereits üblich – als auch für Privatpersonen und den Einzelhandel verpflichtend wurde.[20] Reichskassenscheine hatten nicht den Zweck zusätzliche finanzielle Spielräume zu schaffen – wie das bei den Darlehenskassen der Fall war – sie sollten lediglich den oft komplizierten Ablauf des Zahlungsverkehrs erleichtern.

3. Wie bereits erwähnt, war die Reichsbank mit diesem Tag von ihrer Verpflichtung, Banknoten gegen Gold einzutauschen, rechtmäßig befreit. In Verbindung mit der vorgeschriebenen Dritteldeckung[21] war diese Vorschrift bedeutsam für die Begrenzung eines übermäßig hohen Notenumlaufs. Der Grundsatz der Dritteldeckung dagegen sollte wenigstens formal[22] beibehalten werden, um das Vertrauen der Bevölkerung in die Geldwertstabilität nicht zu erschüttern.

Der Grundgedanke in allen finanzpolitischen Überlegungen war, dass eine unbegrenzte Vermehrung des Bargeldbestandes dem realen Wert des Geldes keinen Schaden zufügen könne, solange für mindestens ein Drittel der in Umlauf befindlichen Banknoten der Gegenwert in Gold bei der Reichsbank eingelagert ist. Aufgrund dieser gedanklichen Konstruktion konnte die Notwendigkeit einer gesicherten und weiter wachsenden Goldreserve bei der Reichsbank gerechtfertigt werden.

---

[18] Reichsgesetzblatt. Berlin 1914, S. 345.
[19] RGBL. Berlin 1914, S. 347.
[20] Reichskassenscheine wurden per Gesetz vom 30. April 1874 eingeführt, um die bis dahin von 22 Staaten ausgegebenen unterschiedlichen Banknoten abzulösen und somit eine Einheit in das Währungssystem zu bringen. Bis zur Gesetzesänderung am 4. August 1914 galten Reichskassenscheine allerdings nicht als gesetzliches Zahlungsmittel.
[21] Siehe Seite 5, Absatz 2.
[22] Auf welche Art und Weise auch dieses Gesetz untergraben wurde, erläutere ich bei den Ausführungen zu den Darlehenskassen.

Aus dem gleichen Grunde und auf Grundlage des „Gesetz(es), betreffend Änderung des Münzgesetzes"[23] konnten Scheidemünzen[24] nun gegen Banknoten oder Reichskassenscheine statt wie bisher vorgeschrieben allein gegen Gold eingetauscht werden.

4. Weitere zwei Gesetze ermöglichten es der Regierung bei der Reichsbank fast unbegrenzte Kreditwürdigkeit zu erlangen. Zum einen, das „Gesetz, betreffend die Änderung des Bankgesetzes", das „Reichswechsel und –schatzanweisungen[25] mit einer Laufzeit bis zu drei Monaten den Handelswechseln gleichstellt".[26] Zum anderen das „Gesetz, betreffend die Ergänzung der Reichsschuldenordnung"[27], das eine neue Form von Staatspapieren sogenannte Schatzwechsel – hervorbrachte. Im Wortlaut: „§ 1 Die Bereitstellung der nach dem Reichshaushaltsplane zu beschaffenden und der zur vorübergehenden Verstärkung der ordentlichen Betriebsmittel der Reichshauptkasse vorgesehenen Geldmittel kann in den Grenzen der gesetzlichen Ermächtigungen (...) auch durch Ausgabe von Wechseln erfolgen. § 2 (...) Soweit die Vorschriften der Wechselordnung nicht entgegenstehen, finden auf diese Wechsel die nach der Reichsschuldenordnung in der Fassung des Gesetzes vom 22. Februar 1904 (Reichs-Gesetzbl. S. 66) für Schatzanweisungen geltenden Bestimmungen entsprechende Anwendung." Schatzwechsel[28] standen formal Handelswechseln ebenfalls gleich. Dadurch war es möglich, sie in die Sekundärdeckung mit einzubeziehen.

Erst genanntes Gesetz hob zugleich die Notensteuer von 5 % auf. Das war eine Art „Strafsteuer", die die Reichsbank immer dann zu entrichten hatte, sobald die Menge der in Umlauf befindlichen Banknoten das vorgeschriebene Kontingent überschritt.[29] Roesler weist allerdings auch auf die eher geringe Bedeutung dieser Notensteuer hin, da sie während ihrer Gültigkeit wohl kaum abschreckende Wirkung gezeigt hatte.

---

[23] RGBL. Berlin 1914, S. 326.
[24] Als Scheidemünzen bezeichnet man unterwertig ausgeprägte Münzen, deren Edelmetall- oder Metallgehalt wesentlich geringer als ihr aufgeprägter Wert ist. Siehe WOLL, Artur (Hrsg.): Wirtschaftslexikon. S. 657.
[25] Inhaberpapiere in Form von kurz- und mittelfristigen Schuldverschreibungen, die von öffentlich-rechtlichen Gebietskörperschaften zur Deckung vorübergehenden Geldbedarfs begeben werden. Kurzfristige Schatzanweisungen sind meist unverzinslich (...). Verzinsliche S. mit 6 und 12 Monaten Laufzeit sind wie Anleihen und andere Schuldverschreibungen mit Zinsscheinen ausgestattet. Siehe WOLL, Artur (Hrsg.): Wirtschaftslexikon. S. 657.
[26] RGBL. Berlin 1914, S. 327.
[27] RGBL. Berlin 1914, S. 325.
[28] Titel zur Geldmarktregulierung der Bundesbank – damals Reichsbank – also Offenmarkt-Titel in Form von Wechseln, deren Bezogene der Bund oder die Bundesbahn ist und die eine Laufzeit (Verfallzeit) von 30 bis 59 Tagen und von 60 bis 90 Tagen aufweisen. Siehe WOLL, Artur (Hrsg.): Wirtschaftslexikon. S. 657.
[29] Vgl. ROESLER, Konrad: Die Finanzpolitik...S. 39, Fußnote 13 und HOLTFRERICH, Carl-Ludwig: Die deutsche Inflation... S. 111.

5. Im Gegensatz dazu darf die Schaffung der Darlehenskassen als entscheidende Neuerung gesehen werden. Darlehenskassen waren zunächst vor allem für Lombardgeschäfte im privaten Geldverkehr zuständig. Entgegen der ursprünglichen Absicht wurde es jedoch bald auch den Ländern, Gemeinden und Kriegsgesellschaften gestattet, Kredite der Darlehenskassen in Anspruch zu nehmen.[30]

Angegliedert waren sie formal, trotz eigener Rechtspersönlichkeit, an die Reichsbank. Sie lombardierten, d.h. sie beliehen Mobilien und Wertpapiere gegen die Ausgabe von Darlehenskassenscheinen. Darunter muss man sich „besondere Geldzeichen"[31], die Bargeldcharakter hatten, vorstellen. Alle öffentlichen Kassen waren verpflichtet den angegebenen Nominalwert vollständig anzuerkennen. Bei Gründung der Darlehenskassen war die Ausgabe dieser Wertzeichen – Darlehenskassenscheinen - auf 1,5 Milliarden Mark begrenzt. Eine einfache Bundesratsverordnung konnte das gesetzte Limit jederzeit problemlos erhöhen, was tatsächlich auch geschehen ist.

Wichtig zu betonen ist, dass diese neu ins Leben gerufenen Institutionen über keine eigenen Geld- oder Goldeinlagen verfügten. Deshalb ergaben sich auch keine Deckungsprobleme. Deutlich gesagt, Darlehenskassenscheine besaßen nie einen reellen Gegenwert. Dennoch war die Reichsbank befugt, sie in die Primärdeckung aufzunehmen. Damit verlieh man einfachem Papier Goldstatus und unterhöhlte so latent die Vorschrift der Dritteldeckung. Ein erhöhter Banknotenumlauf wurde durch die Gründung der Darlehenskassen wieder legal.

Erwähnenswert erscheint weiterhin, dass es möglich war, selbst Kriegsanleihen zu verpfänden. Das nämlich hatte zur Folge, dass über den „Umweg Darlehenskasse" Kriegsanleihen vom Zeichner erst liquide gemacht werden konnten – Darlehenskassenscheine übernahmen die Funktion von Bargeld - und sobald sie von der Reichsbank aus dem Geldkreislauf genommen wurden, in die Primärdeckung einbezogen werden konnten.[32]

---

[30] Vgl. STOLPER, Gustav: Deutsche Wirtschaft..., S. 66.
[31] ROESLER, Konrad: Die Finanzpolitik..., S. 41.
[32] Vgl. HOLTFRERICH, Carl-Ludwig: Die deutsche Inflation..., S. 111-112 und ROESLER, Konrad: Die Finanzierung..., S. 41-43.

Nachstehendes Schaubild soll dies verdeutlichen:

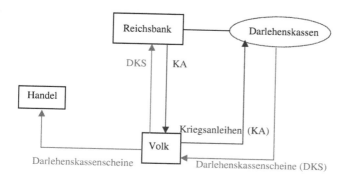

6. Alle bis hierher aufgeführten Maßnahmen waren diejenigen, die den größten Einfluss auf die wirtschaftliche Situation im Deutschen Reich während des Ersten Weltkrieges ausübten. Verschiedene weniger drastische Maßnahmen, zum Beispiel die Gründung von Kriegskreditbanken[33] oder die Ausgabe von Zollkriegswechseln[34] dienten natürlich genauso dem Zweck, die notwendigen finanziellen Mittel zur Kriegsführung und zur Rückzahlung der bereits aufgelaufenen Schulden zu beschaffen. Da jedoch diese Maßnahmen auf den allgemeinen Finanzmarkt nur sehr geringen Einfluss genommen haben, sollen sie hier nicht weiter aufgeführt werden.

2.3 Kriegsanleihen und steuerliche Aktivitäten ab 1916

Aufgrund der Kriegserfahrungen von 1870/71 herrschte die allgemeine Überzeugung vor, auch der folgende Krieg werde kurz sein und Deutschland als Sieger daraus hervorgehen. Diese Einstellung begünstigte den Plan, alle anfallenden Kosten wie schon einmal geschehen, den Kriegsverlierern aufzubürden. Deshalb beschränkten sich die Finanzierungskonzepte vornehmlich auf die Zeit der Mobilmachung. Außer auf die in Punkt 2.1 erwähnten Änderungen im Steuerwesen und die im Punkt 2.2 erläuterten Kriegsgesetze, setzte die Regierung bis 1916 vollständig auf die Ausgabe

---

[33] Vgl. ROESLER, Konrad: Die Finanzierung..., S. 44.
[34] Vgl. ROESLER, Konrad: Die Finanzierung..., S. 40.

12

von Kriegsanleihen. Als Kriegsanleihen galten verzinsliche Schatzanweisungen und Reichsanleihen.[35] Halbjährlich (September und März) erfolgte die Ausgabe einer neuen Anleihe. Dieses System der Kreditaufnahme des Reiches bei der deutschen Bevölkerung wurde während der gesamten Kriegszeit fortgesetzt. Insgesamt gab es neun Kriegsanleihen, die, abgesehen von der letzten, kurz vor der Kapitulation ausgegebenen, als Erfolg verbucht werden konnten. Dazu ist allerdings zu sagen, dass die positive Resonanz auf die erste Anleihe auf die anfänglichen militärischen Triumphe und die noch vorhandene Kriegsbegeisterung im Volk zurückzuführen war. Im Verlauf der Jahre waren ständige Aufrufe zur Zeichnung – versehen mit dem Hinweis, dass es die moralische Verpflichtung eines jeden einzelnen sei, durch Zeichnung dieser Staatspapiere das Vaterland zu unterstützen - in den Tageszeitungen notwendig, um an den Erfolg der ersten Anleihe anknüpfen zu können. Darüber hinaus hoben Banken die Kündigungsfristen ihrer Spareinlagen auf, wenn diese zum Kauf von Anleihen verwandt werden sollten.[36]

Die Einkünfte der ersten Anleihe beliefen sich auf ungefähr 4,4 Milliarden Mark. Um sich den tatsächlichen Erfolg der Kriegsanleihen vorstellen zu können, ist es sinnvoll die Erträge im Verhältnis zu den Gesamtkosten des Krieges zu sehen. Stolper[37] spricht von 60 % des Krieges, die auf diese Art finanziert wurden. In Mark ausgedrückt betrug die Summe rund 100 Milliarden Mark[38] (umgerechnet in Goldmark, da aufgrund des Wertverfalls der Währung ab 1914 eine einfache Addition der Kosten nicht korrekt wäre) von insgesamt berechneten Kosten von 150[39] bis 164[40] Milliarden Mark (hier machen verschiedene Autoren differenzierende Angaben).

Erst als die Mittel des ordentlichen Haushalts nicht mehr ausreichten, die stetig wachsenden Zinsbelastungen zu begleichen, entschloss sich der Reichstag die Steuerverpflichtungen des Volkes abermals zu erweitern.

---

[35] Sammelbezeichnung für die Arten meist langfristiger Kreditaufnahme gegen Inhaberschuldverschreibungen mit fester Verzinsung. Anleihen sind eine Gruppe der Effekten. Emittenten sind öffentliche Gebietskörperschaften, Realkreditinstitute sowie Kapitalgesellschaften. (...) Öffentliche Anleihen haben eine Laufzeit von 8 – 10 Jahren, sind im amtlichen Handel börsenfähig bei einer Kurspflege durch die Bundesbank. (...). Siehe WOLL, Artur (Hrsg.): Wirtschaftslexikon. S. 31.
[36] Vgl. ROESLER, Konrad: Die Finanzierung..., S. 54 –58 und LANTER, Max: Die Finanzierung des Krieges. Quellen, Methoden und Lösungen seit dem Mittelalter bis Ende des Zweiten Weltkrieges 1939 bis 1945. Luzern 1950, S. 74.
[37] Vgl. STOLPER, Gustav: Deutsche Wirtschaft..., S.69.
[38] Vgl. FISCHER, Wolfram: Deutsche Wirtschaftspolitik 1918 – 1945. 3., verbesserte Auflage. Opladen 1968, S. 14 und HOLTFRERICH, Carl-Ludwig: Die deutsche Inflation..., S. 114.
[39] Vgl. HOLTFRERICH, Carl-Ludwig: Die deutsche Inflation..., S. 114.
[40] Vgl. HENNING, Friedrich-Wilhelm: Das industrialisierte Deutschland 1914 – 1922. Paderborn, München, Wien, Zürich 1993, S. 42.

Man beschritt dabei größtenteils bekannte Wege, indem man vor allem die indirekten Steuern ergänzte und erhöhte. Verbrauchssteuern, insbesondere auf Konsumgüter (zum Beispiel Tabak, Alkohol, Zigaretten und Bier) stiegen stark an oder es kamen neuartige, zum Beispiel Abgaben für den Konsum von Limonade und Mineralwasser hinzu. Gerade diese können als Beleg für die drängende Finanznot, in der sich die deutsche Regierung befand, gesehen werden.

Eine tragende Rolle kam der Kohlensteuer, einer Gebühr von 20 % auf den Grubenpreis[41], sowie den Verkehrsteuern[42] zu. Darunter verstand man zum Beispiel die Besteuerung der Personenbeförderung gestaffelt nach Klassen.

Die Vermögenszuwachssteuer von 1913 wurde in eine Kriegsgewinnsteuer[43] umgewandelt. Das hieß, das sämtliche zwischen 31. Dezember 1913 und 31. Dezember 1916 erworbenen Vermögenszuwächse von Privatpersonen mit einem Steuersatz (gestaffelt nach der tatsächlichen Höhe der Mehreinnahmen) zwischen fünf und 50 % belegt wurden. Ähnliches galt für Kapitalgesellschaften.

Obwohl durch diese steuerpolitischen Eingriffe eine „Steigerung der ordentlichen Einnahmen des Reiches von 2,1 Mrd. Mark im Jahr 1916 auf 8,0 Mrd. Mark im Jahr 1917 und 7,4 Mrd. Mark im Jahr 1918"[44] erzielt werden konnte, gelang es trotzdem nicht, den wachsenden Finanzbedarf des ordentlichen Haushalts zu decken.

Geldwertverfall in den Nachkriegsjahren bis 1922/23

3.1 Die Finanzreform von Matthias Erzberger

Wie bereits erwähnt, legten die Finanzgesetze vom 4. August 1914 den Grundstein für die Inflation in der Zeit von 1918 bis 1923. Faktisch lässt sich feststellen, dass mit diesem Tag im Grunde genommen die Inflation einsetzte. Das ebenfalls an diesem Tag verabschiedete Gesetz, das „Höchstpreise für Gegenstände des täglichen Bedarfs, insbesondere für Nahrungs- und Futtermittel aller Art, sowie für rohe

---

[41] Vgl. RGBL. Berlin 1917, S. 340.
[42] Verkehrsteuern (Umschlagsteuern) sind laut Definition Objektsteuern und belasten den Vermögensverkehr (Kapitalverkehrsteuer, Grunderwerbsteuer), den Verkehr auf öffentlichen Straßen (Kraftfahrzeugsteuer), den Umsatz (Mehrwertsteuer) und weitere Verkehrsvorgänge (Wechselsteuer, Versicherungsteuer). Siehe WOLL, Artur (Hrsg.): Wirtschaftslexikon. S. 766.
[43] Vgl. ROESLER, Konrad: Die Finanzierung..., S. 106.
[44] HOLTFRERICH, Carl-Ludwig: Die deutsche Inflation..., S. 113-114.

14

Naturerzeugnisse, Heiz- und Leuchtstoffe"[45] vorschrieb, half dagegen die inflationäre Wirkung, die von den übrigen Gesetzen ausging, zu kaschieren. Mehrere Faktoren trugen nach der Kapitulation dazu bei, dass das Währungssystem vollständig zusammenbrach.

Zusätzlich zu der aufgelaufenen Staatsschuld, die durch die Anleihe- und wenig ausgeprägte Steuerpolitik in den zurückliegenden vier Jahren akkumuliert wurde, hatte Deutschland die alleinige Kriegsschuld zu tragen. Die Übernahme dieser Verantwortung bedeutete beachtliche finanzielle Verpflichtungen. Der bereits schwer überschuldete Staatshaushalt hatte nun mit neuen, zum Zeitpunkt der Kapitulation noch unbekannten, doch beträchtlichen Verbindlichkeiten zu rechnen.

Bevor überhaupt mit der Tilgung der Reparationszahlungen begonnen wurde, beraubten schon die Gebietsabtrennungen im Westen (Teile des Saargebiets) und Osten (Teilung Oberschlesiens), die Demontage der Industrieanlagen und die erzwungene Abgabe sowohl der Handels- sowie Teile der Fischereiflotte und weitere Maßnahmen dieser Art, Deutschland der Möglichkeit die eigene Wirtschaft zu stärken.[46]

Die einzig verbliebene Möglichkeit Geld in die Staatskasse zu bekommen, war die – dringend notwendige - Sanierung des Steuersystems. Noch bevor nach jahrelangen zähen Verhandlungen mit den Alliierten die endgültige Fassung des Reparationsplans im Juli 1921[47] feststand, wurde von Reichsfinanzminister Matthias Erzberger[48] eine grundlegende Steuerreform auf den Weg gebracht.

Die finanzielle Misere des Landes konnte er mit seinen Maßnahmen nicht mehr verhindern. Doch Erzberger gelang es erstmalig das Abhängigkeitsverhältnis von Bund und Ländern umzukehren, d.h. von nun an verfügte der Bund über die Finanzhoheit und die Länder hatten sich künftig an die Rahmengesetzgebung des Bundes zu halten. Eine natürliche Folge dessen war, dass sich Deutschland von einem Zusammenschluss vieler Einzelländer in Richtung eines einheitlichen Staates

---

[45] GAETTENS, Richard: Geschichte der Inflationen. Vom Altertum bis zur Gegenwart. München 1982, S. 241-242.
[46] Vgl. STOLPER, Gustav: Deutsche Wirtschaft..., S. 88-89.
[47] Das sog. Londoner Ultimatum.
[48] *Erzberger*, Matthias (1875-1921): 1903-1918 Reichstagsabgeordneter des Zentrums. Unterzeichnet am 11. November 1918 das Waffenstillstandsabkommen, Reichsfinanzminister von Juni 1919 bis März 1920. Wurde am 26. August 1921 von Mitgliedern der Brigade Erhardt ermordet. Siehe HASS, Gerhart (Hrsg.): Biographisches Lexikon..., S. 163.

15

entwickelte. Erzbergers Verdienst war es, ein bislang völlig unzulängliches Steuersystem[49] mit nur geringfügigen Änderungen wesentlich zu verbessern.

Im einzelnen äußerte sich das so: 1919 wurde das „Zollgesetz" eingeführt, das besagte, dass Zollabgaben in Gold zu entrichten waren.[50] Im Herbst desselben Jahres „verabschiedete die Nationalversammlung eine außerordentliche Kriegsabgabe, die Vermögenszuwachssteuer, das Erbschaftssteuergesetz und das Tabaksteuergesetz".[51] Im Dezember folgten das Umsatzsteuergesetz und das Reichsnotopfer.

Wie in anderem Zusammenhang erläutert, hatte die schwebende Schuld[52] des Reiches in der Zwischenzeit Dimensionen angenommen, die trotz dieser weitreichenden Änderungen im Steuerwesen und den daraus resultierenden Einnahmen nicht abgetragen werden konnte. So stieg die bei der Reichsbank und anderen Banken einzulösende Summe von 58,6 Milliarden im Januar 1919 auf 155,5 Milliarden im Januar 1921 an.[53] Ein Ende war noch nicht abzusehen. Bis Dezember 1922 stieg sie beständig auf 1 495,2 Milliarden Mark.

3.2 Wirkungen des „Londoner Ultimatums"

Wie bereits mehrfach betont, wurden die von den alliierten Staaten geforderten Schadensersatzzahlungen besonders von der deutschen Regierung in den ersten Nachkriegsjahren übermäßig hohe Bedeutung zugeschrieben. Einige andere Faktoren hatten ebenso großen Einfluss auf die Vernichtung der Mark.

Dennoch sollen an dieser Stelle die Konsequenzen des „Londoner Ultimatums", das die Zahlungssumme und –modalitäten endgültig festlegte, gesondert erwähnt werden. Unter Androhung der Ruhrbesetzung erging am 5. Mai 1921 an Deutschland die Forderung den überarbeiteten Zahlungsplan des Obersten Rates der Alliierten binnen sechs Tagen anzunehmen. Unter anderem nahm Deutschland damit die Forderung an, einen Gesamtbetrag von 132 Milliarden Goldmark zu zahlen.

---

[49] Siehe Punkt 1.1.
[50] Vgl. GAETTENS, Richard: Geschichte der Inflationen. Vom Altertum bis zur Gegenwart. München 1982, S. 248.
[51] GAETTENS, Richard: Geschichte der Inflationen. Vom Altertum..., S. 248.
[52] Unter einer „schwebenden Schuld" ist im Gegensatz zur fundierten Schuld eine kurzfristige öffentliche Schuld zu verstehen. Siehe Woll, Artur: Wirtschaftslexikon. S. 661.
[53] Vgl. GAETTENS, Richard: Geschichte der Inflationen. Vom Altertum..., S. 243.

16

Erstmalig musste am 31. August 1921 eine Milliarde Goldmark abgeführt werden. Da einige Monate vorher der „Dollarkurs von 67,25 Mark auf 58,20 Mark"[54] sank, konnte die Regierung 150 Millionen Goldmark ankaufen und als Anzahlung verwenden. Weitere 450 Millionen Goldmark konnten aus eigener Kraft aufgewendet werden, für den restlichen Betrag war es notwendig, England und die Niederlande um kurzfristige Kredite zu bitten. Das war der Beginn eines Teufelskreises. Um die Verpflichtungen aus dem Versailler Friedensvertrag[55] einhalten und die Kreditschulden tilgen zu können, mussten laufend Devisen angekauft werden, was eine Preissteigerung des Dollars zur Folge hatte. Noch im Januar 1919 war ein US-Dollar 7,95 Mark wert. Schon bis zur Bekanntgabe des endgültigen Zahlungsplans war der Preis mehr oder weniger starken Schwankungen unterworfen - grundsätzlich verlor die Mark jedoch an Wert[56] - ab Juli 1921 (der Dollar kostete 75 Mark) waren als Folge der Devisenkäufe nur noch Kurssteigerungen zu beobachten. Im Dezember 1922 wurde der Dollar mit sage und schreibe 7 650 Mark bewertet.[57]

3.3 Höhepunkt und Ende der Krise 1922/23

Schon nach Ende des Krieges war die Mark starken Kursschwankungen unterworfen. Bis 1914 betrug der Wechselkurs der Mark zum Dollar 4,2 Mark. Im Januar 1919 stand er bereits bei 8,9 Mark. Diese Entwicklung war auf den Warenmangel zurückzuführen – die Produktionsumstellung der Güter benötigte mehr Zeit als zunächst angenommen. Verschiedene politische Ereignisse von einiger Brisanz – wie zum Beispiel die Bekanntgabe der Bedingungen des Friedensvertrags oder die Ermordung Erzbergers am 26. August 1921 - konnten als Ursache für steigende Wechselkurse gesehen werden. So kostete der Dollar einige Monate nach dem gelungenen Anschlag auf Erzberger 270 Mark (November 1921). Dennoch war in diesen Monaten eine Stabilisierung der Kurse noch realisierbar.

Bis zur Jahresmitte 1922 tolerierte die Bevölkerung den fortschreitenden Verlust der Kaufkraft. Denn einerseits war es den Menschen noch fremd, den tatsächlichen

[54] GAETTENS, Richard: Geschichte der Inflation. Vom Altertum..., S. 254.
[55] Unterzeichnet am 7. Mai 1919 mit Wirkung zum 10. Januar 1920.
[56] Vgl. GAETTENS, Richard: Geschichte der Inflation. Vom Altertum..., Tabelle, S. 242 u. S. 255.
[57] Vgl. GAETTENS, Richard: Geschichte der Inflation. Vom Altertum..., S. 254.

Geldwert anhand der Goldmark zu errechnen[58] - die nominal hohen Beträgen ließen sie in dem Glauben vermögender als vor dem Krieg zu sein - und andererseits überwogen die persönlichen Probleme, die die Nachkriegszeit mit sich brachte. Der unaufhaltsame Verlust des Realwertes begann nach Kiehling[59] im Juli 1922. Die Ermordung Walter Rathenaus[60] am 24. Juni 1922 zerstörte das Vertrauen der deutschen Bevölkerung in die eigene Währung. Selbst ausländische Spekulanten, die der deutschen Mark lange Zeit großes Vertrauen entgegenbrachten und die Papiermark gerne in großen Mengen kauften, verloren schlagartig das Interesse. Die Menschen in Deutschland versuchten ihr verbliebenes Vermögen zu retten und investierten in Devisen. Bis zum Ende des Monats August stieg der Dollarkurs auf 1 725 Mark an.[61] Und das sollte erst der Anfang sein.

Die schwebende Schuld des Reiches stieg mit fortschreitender Zeit ins Unermessliche. Betrug sie im zweiten Halbjahr des Jahres 1919 noch 86,4 Milliarden, so mussten Ende März 1920 bereits 114,2 Milliarden verzeichnet werden.[62] Bis zum Jahresende 1921 wuchs diese Summe weiter auf 247,1 Milliarden Mark.[63] Diese Zahlen lassen sich in gleicher Weise fortführen. Begründen lässt sich die Erhöhung der schwebenden Schuld folgendermaßen: „Den Preisen mussten die Löhne und Gehälter in immer kürzeren Abständen folgen. Nur so erklärt sich das gleich irrsinnige Wachsen der schwebenden Schuld des Reiches, also des sich unvorstellbar aufblähenden Bestandes an diskontierten Schatzanweisungen, denen zwangsläufig der Notenumlauf folgte".[64]

Die Ruhrbesetzung am 11. Januar 1923 und der darauffolgende passive Widerstand gegen die Besatzer trugen maßgeblich zur sich verschlechternden finanziellen Situation des Landes bei. „Das Reich musste nicht nur die Gehälter für die Bediensteten der Reichsbahn weiterzahlen, die aus dem besetzten Gebiet ausgewiesen wurden; es vergab auch Kredite in Millionenhöhe an den Kohlenbergbau und die

---

[58] Vgl. GAETTENS, Richard: Geschichte der Inflationen. Vom Altertum..., S. 274.
[59] Vgl. Kiehling Hartmut: Die Bevölkerung in der Hyperinflation 1922/23. In: Scripta Mercaturae 33 (1999), S. 2.
[60] *Rathenau*, Walter (29.9.1867 – 24.6.1924): Außenminister seit 31. Januar 1922, ermordet von Mitgliedern der rechtsradikalen Organisation CONSUL. Schloss am 16. April 1922 den allgemein bekannten Vertrag von Rapallo mit der Sowjetunion ab. Siehe HASS, Gerhart (Hrsg.): Biographisches Lexikon..., S. 548-550.

[61] Vgl. KIEHLING, Hartmut: Die Bevölkerung..., S. 9.
[62] Vgl. GAETTENS, Richard: Geschichte der Inflationen. Vom Altertum..., S. 248.
[63] Vgl. GAETTENS, Richard: Geschichte der Inflationen. Vom Altertum..., S. 257.
[64] GAETTENS, Richard: Geschichte der Inflationen. Vom Altertum..., S. 262.

18

Eisen- und Stahlindustrie, um den stillgelegten Betrieben die Lohnfortzahlung zu ermöglichen. Das Ruhrgebiet wurde durch den passiven Widerstand folglich, finanziell gesehen, zu einem Faß ohne Boden. Die Hyperinflation überschlug sich förmlich".[65]

Welch verheerenden Einfluss der Einmarsch der französischen und belgischen Truppen auf den Dollarkurs hatte, gibt Elster in Zahlen an: „Der Kurs des Dollars, der am 2. Januar 1923 auf 7 260 Mark gestanden hatte, stieg am 9. Januar auf 10 000 Mark, erreichte am 17. Januar den Stand von 18 200 Mark und am 31. Januar den von 49 000 Mark".[66]

Hyperinflation bedeutet in erster Linie die Abkehr von der Geldwährung als Zahlungsmittel. Da jegliches Papiergeld seinen Wert innerhalb weniger Stunden verlor, gingen die Menschen dazu über, notwendige Produkte des täglichen Lebens durch Tauschgeschäfte zu erstehen. Beliebte Tauschmittel waren zum Beispiel Butter, Milch und Eier. Wer diese Waren nicht in ausreichender Menge zur Verfügung hatte, war bereit alle sonstigen Wertgegenstände gegen Nahrung oder benötigte Dienstleistungen einzutauschen. Über Generationen hinweg vererbte Antiquitäten, Bücher, Schmuckstücke und andere Mobilien gingen so unwiederbringlich verloren. „Alle in festen Geldbeträgen angelegten Vermögenswerte, so Staatsanleihen, Hypotheken, Pfandbriefe, Sparkassenguthaben, wurden wertlos,...".[67] Das Papiergeld konnte seine Funktion als Zahlungs- und Wertaufbewahrungsmittel nicht mehr erfüllen. Nach jeder Auszahlung leerten sich die Büros, da die Menschen versuchten für das eben erhaltene Geld einen reellen Gegenwert zu erstehen, bevor der Geldwert im Verlauf des Tages weiter fallen würde. Es war bald üblich die Löhne und Gehälter täglich auszubezahlen. Bis den Händlern auffiel, dass der Wiederbeschaffungswert der Waren höher war als der durch den Verkauf erzielte Gewinn, leerten die Menschen die Regale der Kaufhäuser schonungslos. Deshalb wurde, sobald den Geschäftsinhabern ihre schlechte Position bewusst war, das Warenangebot auf ein Minimum beschränkt.

Abgesehen vom Verlust des Realwertes der Mark gab es ein weiteres Problem. Die schwindelerregenden Summen, die sich nominal in Umlauf befanden führten zu

---

[65] WINKLER, Heinrich August: Deutsche Geschichte vom Ende des Alten Reiches bis zum Untergang der Weimarer Republik. Bonn 2000, S. 435.
[66] Vgl. ELSTER, Karl: Von der Mark zur Reichsmark. Die Geschichte der deutschen Währung in den Jahren 1914 bis 1924. Jena 1928, S. 178.
[67] STOLPER, Gustav: Deutsche Wirtschaft..., S. 103.

einem Mangel an Stückgeld. Bereits zur Jahresmitte 1922 verzichtete die Notenbank auf ihr Emissionsmonopol.[68] In Folge eines Streiks bei der Reichsdruckerei kam es zu Unterbrechungen in der Notenproduktion, weshalb private Druckereien zur Zahlungsmittelherstellung verpflichtet wurden. Dieser Schritt blieb keine Ausnahme. Vielmehr waren bis zum August 1923 weitere 135 Druckereien für den Druck der Papiermark zuständig.

Abgesehen von kurzen Unterbrechungen wurde zwischen Oktober 1922 und September 1923 das Münzgeld eingezogen. Der Grund für diese Maßnahme war der weit unter den Metallwert gesunkene Nominalwert.[69]

Am 17. Juli 1922 erließ die Regierung ein Gesetz, das die Bedingungen zur Ausgabe und Einlösung von Notgeld vorschrieb. Dies besagte, dass es den „...Gebietskörperschaften, Handelskammern und Unternehmen im Einvernehmen mit der zuständigen Obersten Landesbehörde...“[70] und Genehmigung des Reichsfinanzministers gestattet sein würde, Notgeld in Umlauf zu bringen. Eine Verordnung vom 26. Oktober 1923 erweiterte den Kreis derer, die Notgeld emittieren durften. Die Verordnung galt für „...Provinzen, Städte( ), Handelskammern und größere( ) Wirtschaftsunternehmen...“, [71] die dazu Schuldverschreibungen, die auf Gold lauteten, hinterlegen mussten.

Das in diesen Zeiten im Zahlungsverkehr herrschende Chaos beschreibt Kiehling wie folgt: „Banknotenähnliche Scheine mit originellen Zeichnungen und Texte, primitiv gedruckte Zahlungsversprechen, Schecks auf eine Bankverbindung und Schecks der Banken auf sich selbst kamen vor“.[72]

Henning beziffert den Zahlungsmittelumlauf im Jahre 1923 auf über 500 Trillionen Mark Buchgeld und knapp 500 Trillionen Mark Bargeld, emittiert von der Reichsbank. Dazu müssen weitere 200 Trillionen Mark Notgeld, ausgegeben von eben genannten Institutionen, addiert werden.[73]

Gustav Stresemann[74] beendete am 26. September 1923 den passiven Widerstand. Um ein Ende der Hyperinflation herbeiführen zu können, wurde am 15. Oktober 1923 die Deutsche Rentenbank gegründet. Ausgestattet war sie mit einem Grundkapital

---

[68] Vgl. KIEHLING, Hartmut: Die Bevölkerung..., S. 11.
[69] Vgl. KIEHLING, Hartmut: Die Bevölkerung..., S. 10-11.
[70] KIEHLING, Hartmut: Die Bevölkerung..., S. 11.
[71] KIEHLING, Hartmut: Die Bevölkerung..., S. 12.
[72] KIEHLING, Hartmut: Die Bevölkerung..., S. 14.
[73] Vgl. HENNING, Friedrich-Wilhelm: Das industrialisierte..., S. 70.
[74] *Stresemann*, Gustav (10.5.1878 – 3.10.1929): Mitglied der Verfassunggebenden Nationalversammlung. Reichskanzler von 13.8.1923 – 23.11.1923. Hatte bis zu seinem Tod das Amt des Außenministers inne. Siehe HASS, Gerhart (Hrsg.): Biographisches Lexikon..., S. 680-681.

von 3,2 Milliarden Rentenmark. Die schwierigste Aufgabe bei der Stabilisierung der Währung war es, die Menschen zu ermutigen, der neuen Währung – vorübergehend Rentenmark - wieder Vertrauen entgegenzubringen. Noch heute wird diese gelungene Bemühung als „Wunder der Rentenmark" bezeichnet. Möglich war die Reform durch die Aufnahme einer Grundschuld auf Landwirtschaft und Industrie in Höhe von insgesamt 3,2 Milliarden Rentenmark. Die Rentenmark sollte nur eine vorübergehende Lösung bis zur Einführung der Reichsmark – am 30. August 1924: Verabschiedung des Bankgesetzes – sein und musste nur von öffentlichen Kassen akzeptiert werden, das heißt, sie galt nie als gesetzliches Zahlungsmittel.[75]

„Am 20. November konnte der Kurs der Mark, der am 14. November bei 1,26 Billionen für einen Dollar gelegen hatte, bei 4,2 Billionen stabilisiert werden. Die Reichsbank setzte daraufhin ein analoges Umtauschverhältnis von 1 Billion Papiermark gleich 1 Rentenmark fest, womit der Vorkriegsstand des Wechselkurses von Mark und Dollar wieder erreicht war".[76]

4 Der Zusammenhang von finanzieller Kriegsplanung und Inflation

Viele Autoren sind sich einig, dass die Bedeutung der Reparationszahlungen, die die Annahme der alleinigen Kriegsschuld mit sich brachten, überbewertet wurde. Selbst führende Wirtschaftswissenschaftler der Nachkriegszeit sahen in diesen, zugegebenermaßen horrenden Verpflichtungen, die einzige Ursache für das finanzielle Desaster bis zum Jahr 1923. In der heutigen wissenschaftlichen Diskussion ist es fast unumstritten, dass die im Versailler Vertrag festgelegten materiellen und monetären Schadensersatzleistungen eine baldige Genesung der deutschen Wirtschaft nahezu unmöglich machten. Allerdings nur in Verbindung mit der verfehlten Kriegsfinanzpolitik Deutschlands.

Eine Autorin – Agnete von Specht – geht soweit, die Inflation als bewusst von der deutschen Regierung herbeigeführten Prozess zu bezeichnen. Ihrer Ansicht nach, sollten dadurch die Schadensersatzzahlungen umgegangen werden.

Häufig wird in der wissenschaftlichen Diskussion auf die Hoffnungen der Deutschen, der unaufhaltsame Geldwertverfall beweise die Unmöglichkeit die Forderungen der Alliierten zu erfüllen, hingewiesen. Diese Argumentation scheint durchaus ihre

---

[75] Vgl. HENNING, Friedrich-Wilhelm: Das industrialisierte..., S. 78-79.
[76] WINKLER, Heinrich August: Deutsche Geschichte..., S. 445.

Berechtigung zu haben, Spechts These wurde allerdings von keiner Seite gestützt und findet deshalb im darstellenden Teil dieser Arbeit keinen Eingang. Grundsätzlich lässt sich feststellen, dass jegliche Literatur, die sich mit dem Ersten Weltkrieg oder der darauffolgenden Zeit auseinandersetzt, wenig aktuell ist. Dies kann natürlich bedeuten, dass zu den Erkenntnissen der oben zitierten Autoren in den letzten Jahren keine bedeutenden Neuerungen mehr gewonnen werden konnten. Einzig Hartmut Kiehling muss hier erwähnt werden, der vor einigen Jahren (1999), die Lebensumstände der Menschen in der Hyperinflation eingehendst untersuchte.

Alle in dieser Arbeit zitierten Autoren stimmen weitgehend darin überein, dass der Geldwertverfall während und nach dem Krieg nicht nur in Deutschland ein Problem darstellte. Auch in England und Frankreich gab es inflationäre Entwicklungen. Die Einstellung der Regierung, den gesamten Krieg mit geliehenen Mitteln zu finanzieren und die aufgelaufenen Schulden nach Kriegsende den Besiegten aufzuerlegen, führte zum wirtschaftlichen Zusammenbruch des Staates. Der uneingeschränkte Rückgriff der Reichsregierung auf die Notenpresse hatte den Haushalt bereits über Gebühr belastet. Verbunden mit den am Ende anfallenden Reparationsleistungen war eine Inflation solcher Dimension kaum abzuwenden.

Literaturverzeichnis

I Quellen

Reichsgesetzblatt. Berlin 1914.

Reichsgesetzblatt. Berlin 1917.

BEGEMANN, Egbert: Die Finanzreformversuche im Deutschen Reiche von 1876 bis zur Gegenwart. Göttingen 1912.

II Darstellungen

BAUR, Jürgen: Die Reichsbank zwischen 1875 und dem Ende des ersten Weltkrieges. Tübingen 1997. http:// www.jura.uni-tuebingen.de/~s-baj1/rbanksem/stext.html. Ohne Erstellungsdatum (aufgerufen am 15.11.2001).

ELSTER, Karl: Von der Mark zur Reichsmark: Die Geschichte der deutschen Währung in den Jahren 1914 bis 1924. Jena 1928.

FISCHER, Wolfram: Deutsche Wirtschaftspolitik 1918 – 1945. 3., verbesserte Auflage. Opladen 1968.

GAETTENS, Richard: Geschichte der Inflationen. Vom Altertum bis zur Gegenwart. München 1982.

HENNING, Friedrich-Wilhelm: Das industrialisierte Deutschland 1914 – 1922. 8., durchgesehene und wesentlich erweiterte Auflage. Paderborn, München, Wien, Zürich 1993.

HOLTFRERICH, Carl-Ludwig: Die deutsche Inflation 1914 – 1923. Ursachen und Folgen in Internationaler Perspektive. Berlin, New York 1980.

KIEHLING, Hartmut: Die Bevölkerung in der Hyperinflation 1922/23. In: Scripta Mercaturae 33 (1999), S.1-60.

LANTER, Max: Die Finanzierung des Krieges. Quellen, Methoden und Lösungen seit dem Mittelalter bis Ende des Zweiten Weltkrieges 1939 – 1945. Luzern 1950.

ROESLER, Konrad: Die Finanzpolitik des Deutschen Reiches im Ersten Weltkrieg. Berlin 1967.

STOLPER, Gustav: Deutsche Wirtschaft 1870 –1940. Kaiserreich – Republik – Drittes Reich. Stuttgart 1950.

WINKLER, Heinrich August: Deutsche Geschichte vom Ende des Alten Reiches bis zum Untergang der Weimarer Republik. Bonn 2000.